दस्तक - ए- दिल

काव्य संग्रह

उषा शर्मा

Copyright © Usha Sharma
All Rights Reserved.

This book has been published with all efforts taken to make the material error-free after the consent of the author. However, the author and the publisher do not assume and hereby disclaim any liability to any party for any loss, damage, or disruption caused by errors or omissions, whether such errors or omissions result from negligence, accident, or any other cause.

While every effort has been made to avoid any mistake or omission, this publication is being sold on the condition and understanding that neither the author nor the publishers or printers would be liable in any manner to any person by reason of any mistake or omission in this publication or for any action taken or omitted to be taken or advice rendered or accepted on the basis of this work. For any defect in printing or binding the publishers will be liable only to replace the defective copy by another copy of this work then available.

युगल सरकार के

श्री चरणों में

सादर

जिनकी महान अनुकम्पा से

मैं, अपने आप को

इस योग्य बना सकी।

*उषा शर्मा

क्रम-सूची

क्रम-सूची

क्रम-सूची

क्रम-सूची

क्रम-सूची

भूमिका

'दस्तक ए दिल' शीर्षक कविता संग्रह की पाण्डुलिपि मुझे विगत कुछ दिन पूर्व बुक पोस्ट के माध्यम से प्राप्त हुई। इस संग्रह की रचनाकार ऊषा शर्मा 'प्रिया' से मोबाइल पर संवाद हो चुका था कि मुझे इस संग्रह की भूमिका लिखनी है। अतः पाण्डुलिपि प्राप्त होते ही मैंने पाण्डुलिपि के पृष्ठों का सरसरी निगाह से अवलोकन किया। फिर क्या था मैं डूब गया कवयित्री ऊषा शर्मा की कलम से निसृत मनोभावों के सिंधु में? मुझे अनुभव हुआ कि जब किसी के सृजन में मनन, चिंतन और दर्शन का भावों में एकाकार होता है तो उस पल हृदय से सैकड़ों विचारगंगाएँ फूटती हैं। जब इस चिंतन का प्रकृति के विभिन्न अवयवों से साक्षात्कार होता है, उस क्षण कवि मन आल्हादित ही नहीं उसका मन विस्मित और अचम्भित होता है और वह सोचता है कि ये नदियाँ, सागर, मेघ, झरने उसे अपने आगोश के लिए आमंत्रित कर रहे हैं। उसे उनमें एक विशेष प्रकार का गुरुत्वाकर्षण दिखाई देता है। उस पल ऊषा शर्मा जैसा कविमन आनंद का रसास्वादन करने लगता है। यह रसास्वादन ही कविता को जन्म देता है। जी हाँ कवयित्री ऊषा शर्मा के काव्य संग्रह 'दस्तक ए दिल' के उद्गम की यही गाथा है

'दस्तक ए दिल' xyz पृष्ठों का पुष्प गुच्छ है। जिसकी क्यारी में गीत, ग़ज़ल, मुक्तक तथा छंदमुक्त जैसे विभिन्न रंगों के फूल खिल रहे हैं। मेरी सोच है कि इस संग्रह के पाठक को उसी आनंद की अनुभूति होगी जो एक विविधवर्णी तुषारच्छादित उपवन के फूलों की गंधमादन यात्रा के समय मधुमयी छुअन से होती है। आप स्वयं देखें:-

ऊपर बादल नीचे बादल।

जहाँ देखूँ वहाँ मेघ सजल।
वातायन से झाँका नीचे तो,
क्षण भर को हुई अचंभित।
लगा कि जैसे नीले जल में,
नाच रहे बादल प्रतिबिंबित।

श्रंगार की सरित मंदाकिनी धारा सदा से संयोग और वियोग के भावों का स्पर्श करते हुए काव्य धरातल पर बहती है। जिस प्रकार भारतीय संस्कृत साहित्य में कालिदास, भवभूति, माघ और वाणभट्ट की रचनाओं में देखने को मिलता है। उसी प्रकार हिंदी भाषा साहित्य में महादेवी, जयशंकर प्रसाद आदि की रचनाओं में देखने को मिलता है। ऊषाजी भी वियोग की बातें कुछ इस तरह करती हैं:-

जितना नूतन प्यार तुम्हारा,
उतनी मन की पीर पुरानी।
कैसे प्रीत की रीति निभाएं,
पतझर में कैसी अगवानी।

इस संग्रह में कवयित्री ने राधा कृष्ण के भक्तिमय प्रेम की पृष्ठभूमि पर भी अपनी कलम से भाव रश्मियाँ निसृत की हैं। जिनमें एक विशेष प्रकार का लालित्य है। देखें:-

हृदय बस तुम श्याम सलोने,
हर पल हम तुम्हें निहारे।
तुम्हें पुकारूँ जब भी कान्हा,
देते सदा सहारे।
वृन्दावन में राज चले है,
बरसाने वाली का,
सबके मुख पर नाम हमेशा,
है राधे रानी का।

कवयित्री का सृजन मन के कोमल तन्तुओं से निर्मित है। वे जितनी प्रभविष्णु कवयित्री हैं, उतनी ही राष्ट्र और जनभावनाओं को समर्पित कविमन हैं। तभी तो उन्होंने अपनी 'गरीब मजदूर' शीर्षक छंद मुक्त रचना में एक गरीब मजदूर की स्थिति को उकेरा है। कविता 'सवाल नारी का' में आज के समाज में नारी पर हो रहे अत्याचारों पर प्रश्न उठाती हैं। इसी प्रकार 'बुढ़ापा' शीर्षक कविता में जर्जर शरीर की मनोदिशा का चित्रण किया है।

लिखने के लिए संग्रह में विभिन्न रस गंगाएँ प्रवाहित हो रही हैं लेकिन परसीमन तो चुनना ही होता है। सुधी पाठकों के लिए शीघ्र यह संग्रह उनके समक्ष होगा और वे इसका रसास्वादन कर आनंद का अनुभव करेंगे।

मैं ऊषा शर्मा 'प्रिया' को उनके काव्यात्मक प्रयासों के लिए साधुवाद देता हूँ। उनमें सृजन की सशक्त संभावनाएं विराजमान हैं। उनके द्वारा भविष्य में भी सतत एवं सफल प्रयासों के परिणाम साहित्य जगत के सामने आते रहेंगे। मैं इसके लिए उनके स्वस्थ, सार्थक, सर्जनात्मक एवं साहित्यिक प्रयासों के लिए शुभकामना देता हूँ तथा अपनी बात की इति निम्न पंक्तियों से करता हूँ:-

दस्तक ए दिल आहटें, मंगल हृदय अनूप।
गंगा यमुना शारदे, मंदिर की हैं धूप।।
अशोक अश्रु विद्यासागर
संपादक: संस्थान संगम मासिक, पत्रिका
आगरा
मो. 9870986273

पावती (स्वीकृति)

चलते रहने का नाम ही जिन्दगी है। सूर्य के उदय होने से , सुबह और अस्त होने पर शाम का अहसास हमें होता है। यह सिर्फ प्रक्रिया है। नदी की भाँति जीवन की धारा अनवरत बहती रहती है।

हमारे जीवन में अनजाने में, चाहे-अनचाहे में बहुत से लोगों के साथ संयोग और वियोग के अवसर बन जाते हैं । बहार और पतझड़ प्रकृति की मूलभूत प्रवृति है ऐसे ही सुख - दुःख, प्रसन्नता - अप्रसन्नता, यश और अपयश भी जीवन के अंग हैं।

जीवन के सफर में कितने ही सुहृदजन वियोग के साथ साथ दे जाते है, बहुत सी सुखद तो कुछ चुभनभरी यादो को भी और उन्हीं यादों को शब्दों में पिरोने का नाम ही कविता है।

मेरी यह पुस्तक विचारों का मंथन है, प्रेम की पराकाष्ठा है विछोह का दर्द है, प्रभु की भक्ति है। सच पूछिए तो इस पुस्तक को ज़िंदगी के हर फूल, हर काँटे रो बनी माला के समान बनाने का प्रयास करने का नाम ही है---"दस्तक-ए- दिल।"

पुस्तक के लेखन कार्य के पश्चात परिमार्जन हेतु मैंने कुछ साहित्यकारों की सहायता ली जिनमें प्रमुख रूप से श्री अशोक अश्रु जी आगरा, डा० शोभा अग्रवाल जी लखनऊ,डॉ दिनेश पाठक शशि मथुरा,श्री सोमठाकुर जी आगरा,श्री विष्णु सक्सेना जी आदि।

आदरणीया डा० शोभा अग्रवाल व श्री अशोक अश्रु जी की मैं दिल से ऋणी हूँ कि उन्होंने अपने बहुमूल्य समय का कुछ हिस्सा मेरी इन काव्य रचनाओं को पढ़कर पुस्तक की भूमिका लिखने की कृपा की।

काव्य संग्रह दस्तक-ए दिल की सभी कवितायें मेरे परिचितों, मित्रों, रिश्तेदारों और आसपास के लोगों के व्यवहार की देन हैं। मेरा तो अपने हृदय पर होने वाली हर दस्तक को केवल शब्दों में रचने मात्र का प्रयास है। निश्चय ही इन कविताओं में आप अपने दिल के किसी कोने में छिपे प्रेम, भक्ति, आदर, चुभन को ही महसूस करेंगे।

- इसी उम्मीद के साथ कि यह काव्य संग्रह आपके दिल पर दस्तक देगा और आप अपनी प्रतिक्रिया से मुझे अवगत अवश्य करायेंगे , आपके कर कमलो में समर्पित है.......

1. (1) सरस्वती वंदना

वीणा पाणि मात शारदे,मुझको तनिक दुलार करो,
मैं तेरी छोटी बेटी हूँ, ममता की बौझार करो ।
मेरी कलम में है जगजननी,कविरा की सच्चाई हो,
मेरे कथन में है, माँ पाणि मीरा की गहराई हो,
अलंकार,रस, छंद माँ, देकर गीतों का ऋंगार करो,
मैं तेरी छोटी बेटी हूँ, ममता की बौझार करो।
मैं अज्ञानी हूँ माँ पाणि, तू तो ज्ञान का सागर है,
मैं धरती का हूँ बस एक कण,माता तू तो पूरा अंबर है,
बीच भँवर मैं नाव है मेरी,भवसागर से पार करो,
मैं तेरी छोटी बेटी हूँ, ममता की बौझार करो।।

2. पुकार भक्त की

तुम्हैं श्याम निस दिन बुलाते रहे,
हम सदा शीश चरणन झुकाते रहे।
तुम हृदय में समाए रहे रात दिन,
मन सिहांसन तुम्ही से सजाते रहे।
हम तुम्हैं श्याम निस दिन बुलाते रहे,
हम सदा शीश चरणन झुकाते रहे।
नैन तिरछे दिखे रोज जादू करे,
चढ़ गया खूब जादू बचाते रहे।
बांसुरी जब बजे चैन ही छीन ले,
पाँव पायल बजे वो नचाते रहे।
हम तुम्हैं श्याम निस दिन बुलाते रहे,
हम सदा शीश चरणन झुकाते रहे।
केश है घुंघराले उड़े जा रहे ,
ये नजर न हटे हम हटाते रहे।
आज सुन लो अरज फिर कहे न कभी,
संग रहना हमारे मनाते रहे।
हम तुम्हैं श्याम निस दिन बुलाते रहे,
हम सदा शीश चरणन झुकाते रहे।।

उषा शर्मा

3. दर्द का संसार

प्यार का संसार लेकर क्या मिला,
दर्द का अंबार देकर क्या मिला।।
पूछता हैं रक्त से रंजित हृदय,
कंटकों का हार देकर क्या मिला।
दर्द का अंबार देकर क्या मिला।।
पत्थरों को प्यार हम देते रहे,
नफरतों को धार तुम देते रहे,
जिन्दगी की नाव डगमग पूछती,
ज्वार और मझधार देकर क्या मिला।
दर्द का अंबार देकर क्या मिला।।
तुमने सोचा राह के हम खार हैं,
हमने सोचा हम तुम्हारे प्यार हैं,
बस यही सपना हमें अपना लगा,
स्वप्न को अंगार देकर क्या मिला।
दर्द का अंबार देकर क्या मिला।।
आसमा में उड़ रहे थे हम निडर,
तेरे वादे और वफा के लेकर के पर,
उस वफा को तुमने क्यूँ घायल किया,
नश्तरों के वार देकर क्या मिला।
दर्द का अंबार देकर क्या मिला।।
तुम न बदलोगे ओ पत्थर हे मरकर मी लें हम कितने जनम,
बस गिला मुझको है मौला से मुझे,

उषा शर्मा

संगदिल दिलदार देकर क्या मिला।
दर्द का अंबार देकर क्या मिला।।

उषा शर्मा

4. घनश्याम मेरे

आ जाओ घनश्याम हमारे,
व्याकुल नैन हमारे ।।
दर्शन कब दोगे तुम कान्हा,
ठाड़े कब से द्वारे।।
बीत रहे दिन बाट निहारें,
कान्हा कब आओगे।।
माखन मिश्री थाल सजाया,
कब भोग लगाओगे।।
हृदय बसे तुम श्याम सलोने,
हर पल तुम्हें निहारे।।
तुझे पुकारूँ जब भी कान्हा,
देते सदा सहारे।।
वृंदावन में राज चले है,
बरसाने वाली का।।
सबके मुख पर नाम हमेशा, ,
है राधे रानी का।।

5. श्याम की नौका विहार

श्याम करे नौका विहार,
सखी श्याम करे आज नौका विहार,
नैया फूलों सजी खिली है बहार।
श्याम राधा की जोड़ी प्यारी लगे,
रूप राधा का चमचम करने लगे।।
यमुना भी छेड़खानी करने लगी,
पाँव छूने श्याम का मचलने लगी।।
उछले मुखड़ा भिगो कर हँसे श्याम का,
यमुना माने नहीं भीगी राधिका।।
श्याम बंसी मधुर फिर बजाने लगे,
पैजनी राधिका की खनक के लगे।।
यमुना दीवानी हुई नर्तन करें,
सखी मोहक है मंजर दिल न भरे।।

6. शाम ढले

सुरमई शाम ढलके निशा आ गई,
बाँसुरी बज रही राधिका सो गई।।
चाँदनी नूर बन के बरसने लगी,
रात ढलने लगी सहर होने लगी।।
श्याम की आँख जब झपकने लगी,
यमुना शांत हुई नाव बहने लगी।।
सखी श्याम करें आज नौका विहार,
नैया फूलों सजी खिली है बहार।।

7. मन दर्पण

मन दर्पण सा अपना साफ़ रखें तो कुछ बात बने,
कभी भूल भी किसी की माफ़ करें तो कुछ बात बने।
माना वो खुद्दार हैं और काबिल भी बहुत हैं,
फ़कत खामियां ही न तलाशें तो बात बने।
वक़्त के दरिया में कितने ही सफ़ीने डूब गए,
डूबते को तिनके का सहारा बनें तो कुछ बात बने।
हैं धूल में मिल गये कितने ताज औ तख़्त वाले,
गुरूर दिल में अपने न रखें तो कुछ बात बने।
अपनी नफ़रत का जाम यूं ही न छलकाएं बेसबब,
कभी शाइस्तगी से हाथ मिलाएं तो कुछ बात बने।
बढ़ जाता है ओहदा कुछ झुक कर चलने वालों का,
फलदार पेड़ से ही वो सबक लें तो कुछ बात बने।

8. वरदान

जीवन ईश्वर का दिया वरदान,
जिसमें सांसो को किया प्रदान।।
आन्त्रिक व बाहय इंद्रियों का भरपूर दिया ज्ञान।
शक्ति दी हे मानव स्वयं को पहचान।।
मन को थोड़ा चंचल थोड़ा शीतल कर।
हृदय में धड़कन के साथ भाव अंतस्थल।।
धर्म कर्म बुद्धी विवेक दिया।
नेत्रों में ज्योति का तेज दिया।।
धरती पर भेजा ममता की छाँव में।
पिता की उंगली पकड़ चल कर्म राहों में।।
पर संसार की बाहय सुंदरता मोह देख।
मानव गर्भ की सब बातें भूला गलत राह देख।।
पुण्य कमाने की जगह वह।
जीवन भर पाप ही पाप कमाता।।
अन्त में मृत्यु को प्राप्त हो।
फिर कीड़े मकोड़ो की तरह जीवन जीता।।
ये ही है जीवन की व्याख्या परिभाषा।
इस मृत्यु जगत से छोड़ दे मोह का नाता।।

9. मैं गयी बादलों के पार

मैं गयी बादलों के पार,
जैसे पंछी उड़े पंख पसार!
ऊपर बादल, नीचे बादल,
जहाँ देखूं वहाँ मेघ सजल।
वातायन से झांका नीचे तो,
क्षण भर को हुई अचंभित।
लगा कि जैसे नीले जल में,
हो रहे बादल प्रतिबिंबित।।
पर सत्य नहीं भ्रम था मेरा,
मेघों ने चहुं ओर ही घेरा।
मैं थी बहुत ही रोमांचित,
पर थी थोड़ी सी आशंकित।
मन था तनिक डरा हुआ सा,
हो जाए न कोई घटना अघटित।।
ढूंढ रही बादलों में मैं,
बचपन के अपने वो साथी।
कभी घोड़ा बन जाता तो,
कभी सूंड उठाए हाथी।
फिर अचानक याद आई नानी,
जो परियों की सुनाती कहानी।।
कहतीं दूर बादलों के अंदर,
होता परियों का घर सुंदर।
नयन खोज रहे परियों को,

जो रहतीं आसमान में ऊपर।
पर नज़र न आई कोई परी,
न गीत गाती कोई किन्नरी।।
हाँ एक बात बड़ी अनोखी,
जो पहले मैंने कभी न देखी।
वहाँ थीं बहुत सी बालाएं सुंदर,
मधुर स्मित जिनके अधरों पर।
कर्ण प्रिय वाणी से फूल बरसातीं,
हर जन की सेवा को तत्पर।।
मुझे लगा यही है परियों का देश,
आधुनिक परियां आधुनिक वेश।
मोहक सम्मोहन से सम्मोहित मैं,
उतर आई वापस अपने देश।
यह थी मेरी प्रथम उड़ान,
मिटाई जिसने सारी थकान।।
अमिट छाप छोड़ गई मन पर,
विस्मय से नयन गये भर।
मैंने पार किया नभ का विस्तार,
हर्ष भी मिला मुझे अपार।
इंद्रधनुष के मिलकर सब रंग,
जीवन में भर गई नव उमंग।।

10. जीवन है अनमोल

रब ने हमें पैदा किया सुन्दर हमें जीवन दिया,
हम तो करेंगे शुक्रिया हर पल हमें सावन दिया।
यह बात ही कुछ है अलग मानव रहे रोता यहाँ,
बातें करें प्यारी सदा सिर ओखली में दे दिया।
कर प्यार ही वो तो भटकता फिर रहा सोचे यही,
क्यों जानते बूझे बिना देखो ज़हर मुझको दिया।
संसार में ग़म की कमी होती नहीं क्यों यह बता,
सपने सभी तोड़े यहाँ मासूम को मरवा दिया।
चलते गये तुम साथ मेरे तोड़ के दिल चल दिये,
भरते रहे हम तो ज़ख़्म नासूर तूने कर दिया।

11. इशारे

आंखों-आंखों में ऐसे ही इशारे हुए।
हम तुम्हारे सनम तुम हमारे हुए।।
धड़कने धड़कनों में धड़कने लगी।
दोनों हम एक दूसरे के सहारे हुए।।
मुझको लगने लगी है ये दुनिया हँसी।
तुमसे रंगीन सारे नजारे हुए।।
चाँद तारों से बातें मैं करने लगी।
मेरे साथी गगन के सितारे हुए।।
आँख लगते ही सपनों में आते हो तुम।
ख्वाब अब मेरे सारे तुम्हारे हुए।।
तेरी आँखों को पढ़कर मैं लिखने लगी।
कुछ असर हम पर ऐसे तुम्हारे हुए।।
इस जनम ही नहीं न सातो जनम।
हर जनम के लिए हम तुम्हारे हुए।।
तुमसे होके जुदा न जी पाएंगे हम।
जान अब तो सनम तुम हमारे हुए।।
जिस डगर तुम चलो उस डगर मैं चलूँ।
मेरे हर रास्ते अब तुम्हारे हुए।।

12. मेरे जीवन का स्वर्ग

स्वर्ग मेरा छिन गया है आज मेरे पास से।
ऊब कर दिल थक गया है,प्यार के विश्वास से।।
ज़िंदगी के मूक अधरों की अधूरी प्यास है।
याद में खोई दुल्हनिया की अधूरी आस है।।
दर्द मेरा बँध गया है आह के उच्छ्वास से।
आज कितनी हूँ अकेली ज़िंदगी के मोड़ पे।।
प्यार के घुटते सहन में टूटती हूँ सोच के।
फूल सा ये स्वर्ग सींचा,साँस के हर तार से।।
आज धोखा खा गई क्यों प्रीत अपने मीत से।
घुट के अँसुयन घन बरसते ज़िंदगी पे गीत से।।
खो गया क्यों हर किनारा आज यूँ पतवार से।
ओस नयनों की बिछी है दूब की हर पात पर।।
"उषा" पवन सी आ मिली है जलन से यूँ काँपकर।
मर्ज़ मेरा बढ़ गया है स्वयं की अब हार से।।

13. बाँसुरी श्याम की

श्याम की बाँसुरी गूँजती जो रही,
राधिका नाचती बाबरी हो रही।
पैंजनी पाँव से टूट कर गिर गयी,
करधनी भी कमर से सरक तो रही।
केश भी खुल ग़ये हो रही है मगन,
चुनर तारों जड़ी भी खिसक लो रही।
श्याम जादू चला कर हँसे जा रहे,
राधिका आज सुध बुध सभी खो रही।
श्याम बंसी बजाते रहे रात भर,
राधिका न रुकी झूमती वो रही।।

14. बेगाने

बेग़ानों ने दर्द दिए और ढो लिए,
चुपचाप देखते रहे और रो लिए।
कहने को बहुत कुछ था,
क्यों लोग सुनाएँ ये सदाएँ।
बहती रहेंगी फिर भी सदा,
दिल की ये अनसुनी कथाएँ।
ख़ुदा ने जहाँ में इंसा बना दिए,
इन्सानों ने अपने पैग़ाम सुना दिए।
दिल से दिल मिले और क्यों दूर हो गए,
ग़म की हवाओं में थिरकते मजबूर हो गए ।
पास रह कर भी जैसे नए दस्तूर हो गए,
अनबोले से रहते रहे सब भाव काफ़ूर हो गए।
आँखों से आँखें मिलती रहीं,
दर्द का आग़ाज़ न कर सके।
अपनों से बेगाने हुए तो अश्कों से धो लिए।
प्यार का आसरा माँगा,'उषा' ने तो मुख मोड़ लिए।।

15. ओ मेरे घनश्याम

आ जाओ घनश्याम प्यारे,
व्याकुल नैन हमारे।।
दर्शन कब दोगे तुम कान्हा,
ठाड़े कबसे हम द्वारे।।
बीत रहे दिन बाट निहारें,
कान्हा कब आओगे द्वार हमारे।।
माखन मिश्री थाल सजाया,
भोग लगाओ सब पुकारें।।
हृदय बसे तुम श्याम सलोने,
हर पल बस हम तुम्हें निहारे।।
तुझे पुकारूँ जब भी कान्हा,
देते सदा तुम हमें सहारे।।
वृंदावन में राज चले है,
बरसाने वाली को बनवारे।।
सबके मुख पर नाम हमेशा ,
है राधे रानी को प्यारे ।।

16. जीवन एक कठपुतली है।

रब ने हमें पैदा किया सुन्दर हमें जीवन दिया,
हम तो करेंगे शुक्रिया हर पल हमें सावन दिया।,
यह बात ही कुछ है अलग मानव रहे रोता यहाँ,
बातें करे प्यारी सदा सिर ओखली में दे दिया ।
कर प्यार ही वो तो भटकता फिर रहा सोचे यही,
क्यों जानते बूझे बिना देखो ज़हर मुझको दिया।
संसार में ग़म की कमी होती नहीं क्यों यह बता,
सपने सभी तोड़े यहाँ मासूम को मरवा दिया।
चलते गये तुम साथ मेरे तोड़ के दिल चल दिये,
भरते रहे हम तो ज़ख़्म नासूर तूने कर दिया।।

17. प्यार और विश्वास

ऊब कर दिल थक गया है,प्यार के विश्वास से।
ज़िंदगी के मूक अधरों की अधूरी प्यास है ,
याद में खोई दुल्हनिया की अधूरी आस है
दर्द मेरा बँध गया है आह के उच्छ्वास से ।
आज कितनी हूँ अकेली ज़िंदगी के मोड़ पे
प्यार के घुटते सहन में टूटती हूँ सोच के ,
फूल सा ये स्वर्ग सींचा,साँस के हर तार से।
आज धोखा खा गई क्यों प्रीत अपने मीत से
घुट के असुअँन घन बरसते ज़िंदगी पे गीत से
खो गया क्यों हर किनारा, आज यूँ पतवार से।
ओस नयनों की बिछी है,दूब की हर पात पर,
'उषा' पवन सी आ मिली है जलन से यूँ काँपकर ,
मर्ज़ मेरा बढ़ गया है स्वयं की अब हार से।।

18. दुल्हन

अश्क बरसाती नज़र आती है सारी अंजुमन,
जा रही है आज बेटी बनके मैके से दुल्हन।
दिल भला बहलेगा कैसा अपनी माँ को छोड़कर,
इस हवेली जैसे अपने गुलसितां को छोड़कर।
याद आऐगा तुझे रह रह के यह सारा चमन,
जा रही है आज बेटी बनके मैके से दुल्हन।
जाओ जब ससुराल में करना सभी का एहतराम,
अपने छोटों को दुआऐं और बुजुर्गों को सलाम।
इस अमल से खूब होगा आपके मैके का नाम,
सब कहेंगें आई है रहमत लिए घर मे दुल्हन।
जा रही है आज बेटी बनके मैके से दुल्हन।।

19. बेखौफ ज़िंदगी

बेखौफ क्यों आप हमने प्यार की उम्मीद करते है।
क्यों बार- बार हमसे समझने की बात करते हैं।।
वो दे गए यूँ ही बहाना मरने का,
आप है कि हमसे जीने की बात करते है।
दिल है कि दर्द के बोझ तले दब गया है,
आप क्यूं बार-बार संभलने की बात करते हैं।।
कतरा-कतरा बिखरी है आज जिन्दगी,
आप उसे ही समटने की बात करते हैं।
आपसे ही तो दोस्ती है दर्द से पुरानी,
और आप हैं कि हँसने की बात करते हैं।।

20. दामन उम्मीद का

आँसू पल- पल शब्दों में बिखरता रहा,
कभी छिपा यह दर्द किश्तो में मरता रहा।
उसके लौटने की उम्मीद नही है साहिल,
फिर भी हर मोड़ पर क्यूं कदम रुकता रहा।
अपनी चाहत ने अपना वजूद ही बदला है,
दिल है कि उसे हर पल याद करता रहा।
टुकड़े - टुकडे होकर बिखरते रहे हम,
और वो हमारी बेबसी पर हँसता रहा।
हम जानते हैं नहीं था कभी वो हमारा,
उषा ये दिल फिर उसके खोने से डरता रहा।।

21. आदत

दिल में दर्द अब फिर बढ़ने लगा,
फिर से आँखों से आँसू बन छलकने लगी।
रातों को ख्वाव बना सजाया हमने,
न जाने क्यों ख्वाब के ढेर बन ढहने लगी।
पल-पल टूटी साँसें यूंही बिखरती रही,
आँख के बहते अश्रु तकिया भिगोने लगी।
कब छाएगा जलजला सा आँखों मे,
कब से यह आग आखों में जलने लगी।
आहटें हुई कदम न बढ़ सके कभी,
"उषा" फिर ये आदतें क्यूँ बदलने लगी।।

22. कँटीली राहें

काँटों से लिपटी राहों पर फूलों की बौछार हुई है,
देख के ये वर्षा की बूँदें अमृत की बरसात हुई है।
फूलों से इतना मत मारो कहीं मेरा दिल खो जाए,
जीवन के इस गलियारे में अपनापन तेरा हो जाए।
देख तुझे मैं तो चाँद भूली तो आज चाँद की हार हुई है ।
देख तुझे मन पागल होता रह-रह कर ये मुस्काता है,
तेरे नैनों के इंगित पर अपना गीत अधूरा गाता है।
तेरी रगो में अब रम कर"उषा' की भी अब हार हुई है।।

23. गरीब मजदूर

मैं गरीब हूँ लाचार नहीं।
मैं मजदूर हूँ भिखारी नहीं।
मेहनत करता हूँ।
तब पैसे कमाता हूँ।
अपने परिवार का पालन पोषण करता हूँ।।
बोझा उठाता हूँ।
दिन भर धूप में पसीना बहाता हूँ।
रुखी सूखी खाकर ठंडा पानी पीता हूँ।।
सारे दिन काम करता हूँ।
थका हारा शाम को घर जाता हूँ।
तन पर फटे पुराने कपड़े है कोई बात नहीं।।
पर बच्चों को अच्छा पहनाता हूँ।
मेहनत मजदूरी कर बच्चों को पढाना चाहता हूं।
मेरे बच्चे कुछ अच्छा बन जायेगें।
वो कभी ये दिन न देख पायेगें ।।

24. ख़ुद

ख़ुद कहाँ से चले थे ख़ुद कहाँ चले आए!
ख़ुदा का घर तो छोड़ आए,
जहाँ में आकर घर बनाए।
ख़ुद को ख़ुद से क्यों इश्क़ हो गया।
ख़ुद का अहम् ख़ुद पर फ़िदा हो गया।
तुम ख़ुद जाने कहाँ चले गए।
हम ख़ुद तुम्हें हेरते रह गए।
ग़लतफ़हमी में रहे औ जुदा हो गए।
ख़ुद से ज़ुबाँ थक गई बात करते-करते।
चेहरा उठा के देखा तो तुम थे बहके-बहके।
छोड़ गए बालम क्यों मुझे अकेला चलते-चलते।
मेरे पगों का भटकना सूनी राहों पर मुड़ते-मुड़ते।
दिल के घावों की गहराई सरकते।
भूले से किस आँगन में चले आए।।

25. प्यारी बेटी

आओ मंगल चार करें, घर ऑगन में दीप धरे।
महकी घर फुलवारी है, आई बेटी प्यारी है।
जनम हुआ बेटी आई, लक्ष्मी रूप धरे आई।
खुशियों की किलकारी है, आई बेटी प्यारी है।
गोल गोल नीली ऑखे, मखमल जैसी काया ले।
मुस्काने पर वारी जाऊँ, अद्भुत रूप सँवारी है।
ऑगन घर पावन लागे, रिमझम अब सावन लागे
निश्छल रूप धरे आई,महके खुशियाँ क्यारी है।
पापा से लाढ़ जताती है, रूठे मचले इठलाती है।
पावन रूप सुहावन लागे, ममता की किलकारी है।
बेटी होती रब की सूरत, बेटी है प्यारी सी मूरत।
माँ का दुख दर्द समझती है,पापा की धिया दुलारी है।
बेटी जग सृजन करती है, वो मौत से पँगा लेती है।
बेटी बिन दुनिया है सूनी, फिर भी जाती दुत्कारी है।।

26. दिल

चुराया दिल यहाँ जिससे उसे हम जान कहते है,
उसे ही रब समझते हैं उसे ईमान कहते है।।
जिसे पाने की खातिर दोस्तो सब कुछ गँवा बैठे,
मुहब्बत के यहाँ के वो खेल को आसान कहते हैं।।
मुहब्बत ऐसा बिजनिस है कि जिसमे सिर्फ घाटा है,
नफा कोई समझते है कोई नुकसान कहते है।।
गरीबों को यहाँ जिस दिन रोटी नही मिलती,
ज़माने वाले मुफलिसी का वो दिन रमजान कहते है।।
जो कान्हा के यहाँ प्रेम को कविता गाते है,
उन्हें ही सूर कहते है उन्हें रसखान कहते हैं।।
जो सारे देश को बच्चों की तरह प्यार करता है,
उसे ही मुल्क का हम भी यहाँ सुल्तान कहते है।
हरेक मजहब हरेक भाषा यहाँ मिलजुल के रहती है,
उसे दुनिया के नक्शे में हिंदुस्तान कहते हैं।।

27. नूतन प्रेम

जितना नूतन प्यार तुम्हारा उतनी मन की पीर पुरानी,
कैसे प्रीत की रीत निभाए पतझर में कैसी अगवानी।।
हमने कितने ही नामों से मेरा नामकरण कर डाला,
कभी बनाया गरल का प्याला और कभी मधुसा की बाला,
फिर भी तुम प्यासे के प्यासे तुमने प्रीत की रीत न जानी,
जीवन हाला सूखी ऐसे जैसे धूप में ओस का पानी।।
प्रेम भी प्यासी मैं नदियासी सिन्धु अधर को चूम न पाई,
तुम पागल बादल बन गरजे मैं मधुमास में झूम में पाई,
तुम दिनके कोलाहल जैसे मैं निःशब्द निशा की रानी,
एक साथ कैसे रह पाए मन का मौन अधर की पानी।।
एक दुराहे से भटके तो कितने अन्धे मोड मिले हैं,
जब भी पीछे मुड़ कर देखा बाजारू गढ़ जोड़ मिले,
जितनी दूर है मंजिल मेरी मंजिल मेरी राह अनजानी,
मंजिल तक कैसे पहुंचाएँ गहरा सागर नाव पुरानी।।
कभी-कभी मुस्काने वाले फूल भी शूल ना करते हैं,
लहरों से टकराने वाले पत्थर धूल बना करते हैं,
मैं मर्यादित धीर धरा सी तुमने बस बेबस ही जानी,
किन्तु हृदय में अंगारे हैं और आंखों में ह्या का पानी।।

28. रूप श्रृंगार

किसलिए तुम रूप का ऋंगार चाहे,
प्यार भी तुम प्यार की पहचान भी तुम।
रूप से तो प्रेरणा मिलती हृदय को,
खोज लाते है नयन मन के विनय को,
उस हृदय से प्यार की झंकार चाहो,
जिसकी तान तुम स्वरों का मान भी तुम।
चल रहा है यान जीवन का बराबर,
शान्त है नदिया कभी है क्षुब्ध सागर,
तुम किसी मझधार से उस पार चाहो,
सिन्धु भी तुम सिन्धु का तूफान भी तुम।
कुछ प्रगति की चाह में आगे बढ़े है,
कुछ समय को धूल में बेबस गढ़े है,
क्यों किसी पद चिन्ह का उपहार चाहो,
मार्ग भी तुम लक्ष्य का वरदान भी तुम।
मूर्ति को ये रूप तुमने ही दिया है,
ठोकरों में भी उसे पूजित किया है,
और तुम्ही अर्चना का अधिकार चाहो,
तुम अहिल्या भक्ति भी और राम भी तुम।।

29. प्यार और नफरत

प्यार आपने देखा मेरा नफरत भी दिखलायेगें,
कर न सके जो प्यार तुम हमसे और कितना तरसाऐगें।
करते रहे इन्तजार हम गिनते रहे सब तारों को,
अपने प्रिय की बाहें ठुकरा,सन्तुष्ट किया है गैरो को,
अब तक हमने किया इन्तजार, अब हम इन्तजार करायेगे।
हमनें चाहत में तोड़ डाला प्यार की सारी रस्मों को,
कहा न माना कभी किसी का तोड़ा सारी रस्मों को,
अब तक तो हम रोते रहे पर अब हम तुमको रुलायेगे।
हल्दी बन गयी दुश्मन मेरी सेहरा बन गया आँधी है,
खुशियाँ सारी मिट गयी मेरी आखो में बस पानी है,
अब तक जो हम कर न सके वो अब करके दिखलायेंगें।।

30. इशारा

प्रेम से निहारा मुझे किया जो इशारा मुझे,
जागती आँखों से मेरे स्वप्न झरने लगे।
सूरज से आँख मिली सरजमुखी फूल है विती,
देख-देख भवरे भी आज जलने लगे।।
प्रेम में मगन देख विरह अगन देख,
बादल की आँख से भी आँसू झरने लगे।
जब से मिले है नैन तब से उड़ा है चैन,
तार दिल के भी आज यही बजने लगे।।

****
जीत होने दीजिये कि हार होने दीजिए,
भवरे को फूल का शिकार होने दीजिए।
सोचिये न हर पल आज या फिर कल,
आप बारदात बार बार होने दीजिए।
सावन के मौसम में प्रेम रूपी अँगन में।
सोलह आज गोरी के श्रंगार होने दीजिये।
धीरे-धीरे प्यार परवान चढ़ेगा जरूर,
अंखियों को अंखियों से चार होने दीजिए।।

31. कृष्णा का रूप

मोर मुकुट पाँखुरी अधर धरी बाँसुरी,
मीत गावें गीत नित प्राणन प्यारी के।
मधुरिम सुनी तान पुलकित भाए कान,
दौड़ी ड़िंग गोपिकाए आपने मुरारी के।
लुका छिपी करें श्याम ढूढ़त सखी तमाम,
हिय बसे घनश्याम बरसाने वारी के।
राधा श्याम दो हैं तन पर देखो एक मन,
हम तो हैं भक्त राधा रमण बिहारी के।।

****

घघन-घघन घन झझन- झझन झन, राग मल्हार देखो गा रहे हैं बदरा।
कछु भूरे कछु कारे श्वेत से वसन धारे, प्रेयसी के मन को लुभा रहे बदरा।
सागरों से घूम घूम नदियों को चूम चूम, जाने कहाँ से ये जल ला रहे हैं बदरा।
हौले हौले धीरे धीरे, धीरे धीरे हौले हौले, आँसमा से धरती पर आ रहे हैं है बदरा।।

32. माँ

अपने दिल मे माँ तेरी याद लिए फिरते हैं,
आँखों में आँसूओं की बरसात लिए फिरते है।
दूर हो गए बढ़े होकर माँ तुझसे तो क्या हुआ,
साथ सुहानी यादों की बरसात लिए फिरते हैं।

****

गहरी प्यास को जैसे मीठा जल देती माँ,
जीवन के सारे प्रश्नों का हल देती माँ।
सबके हिस्से शीतल छाया अपने लिए धूप कड़ी,
मेरे सूने जीवन को हर खुशी देती हो तुम माँ।।

33. याद माँ की

जिनके हिस्से माँ की लोरियाँ नहीं होती,
उनके सपनों में परियों की कलियाँ नही होती।
जिनको हमेशा माँ का आशीष मिले,
पास उनके किसी चीज की कमियाँ नही होती।।

****

राह दिखाती अंधेरों से बचाती वो है माँ,
गिरकर संभलना सिखाए वो है माँ।
कर सकती हूँ जिनके लिए सब कुछ कुर्बान,
मेरी जिन्दगी पूजा इबादत सब है माँ।।

34. भूली बिसरी याद

हमने अपने घर में एक तस्वीर लगा रखी है,
कुछ इस तरह अपने घर को मन्दिर बना रखा है।
होंठ हिले कुछ बोलना चाहा पर बोल न सके हम,
क्यों कि हमने होठों पर तेरा नाम सजा रखा है।
दर्द बढ़ा तो नाकाम कोशिश की रोने की हमने,
हमने तो पलकों में तेरी तस्वीर को सजा रखा है।
दरवाजे पर हुई दस्तक तो कदम यों उठने लगे,
हमने हर आहट पर आने अरमान सुना रखा है।
दर बदर दोस्त मिले बहुत कह न सके अपना,
उषा ने अपने जीवन को प्रिय इंतजार बना रखा है।।

35. आसरा

किसी गैर का आसरा बन गये हो,
शायद सनम तुम खुदा बन गये हो।
तरसती है दीदार को अब निगाहें,
उठती है हर गम मेरे दिल से आहे।
मेरी मुहब्बत की सदा बन गये है।।
लवों पे खामोशी यों सजी है,
आँखों में तुम्हारी सूरत बसी है।
मेरी दुआओ को जुवां बन गये हो।।
तेरे लिये मैने ये जहाँ भी है छोड़ा।
फिर भी तुमने क्यों मुख मोड़ा,
पूरी न कभी अब वो दुआ बन गये है।।

36. भक्त और भगवान

किसलिए तुम रूप का श्रृंगार चाहो,
प्यार भी तुम प्यार की पहचान भी तुम।।
रूप से ही प्रेरणा मिलती हृदय को,
खोज लाते हैं नयन मन के विनय को,
उस हृदय से प्रेम की झंकार चाहो,
तान जिसकी तुम स्वरों का मान भी तुम ।।
चल रहा हैं यान जीवन का बराबर,
शांत हैं नदियाँ कभी हैं क्षुब्ध सागर,
तुम किसी मझधार के उस पार चाहो,
सिंधु भी तुम सिंधु का तूफान भी तुम ।।
कुछ प्रगति की चाह में आगे बढ़े हैं,
कुछ समय की धूल में बेबस गढ़े हैं,
क्यों किसी पदचिन्ह का उबार चाहो,
मार्ग भी तुम लक्ष्य का वरदान भी तुम ।।
मूर्ति को ये रूप तुमने ही दिया हैं,
ठोकरों में भी उसे पूजित किया हैं,
और तुम्हीं अर्चना का अधिकार चाहों,
तुम अहिल्या भक्त भी और राम भी तुम।।

37. बेटी

लाज है शर्म है नेह के बंधनों मे बंधी,घर का ऋृंगार हैं बेटियाँ।

जीजाबाई भी हैं झांसी रानी भी है वक्त आए तो तलवार हैं बेटियाँ।।

ये कभी माँ की ऑंखो का तारा बनी औ कभी पिता का सहारा बनी,

घर की नैया फॅंसी जब भी मझधार में, देखते -देखते ये किनारा बनी,

जलते-तपते सुलगते मरुस्थल में ये, प्रेम की शीत बौछार हैं बेटियाँ,

लाज है शर्म है नेह के बंधनों मे बंधी,घर का ऋृंगार हैं बेटियाँ।

मोम जैसी पिघल जाती हैं वक्त पर,पत्थरों में भी ढल जाती हैं वक्त पर,

बात कोई अगर दिल को छू जाए,बर्फ की तरह गल जाती है वक्त पर,

वक्त आने पर लड़ जाती यमराज से,ये न समझो की लाचार हैं बेटियाँ,

लाज है शर्म है नेह के बंधनों मे बंधी,घर का ऋृंगार हैं बेटियाँ।

श्वेत मोती की कोमल लड़ियाँ हैं ये,मोम की शांत गुड़िया हैं ये,

इक दिन बापू के घर से उड़ जाएगी, जो महकती चहकती हैं ये,

ईश की ओर से इस धरा के लिए,एक अनुपम सा उपहार हैं ये बेटियाँ,

लाज है शर्म है नेह के बंधनों मे बंधी,घर का ऋृंगार हैं बेटियाँ।

38. तुम साथ दो तो कोई बात बनें-

मैं एक अधूरा गीत हूँ, तुम गाओ तो कोई बात बने,
ये वीरान बाग हैं फूल कोई खिला नहीं,
तुम महकाओ तो कोई बात बनें।
ये उजड़ा वृक्ष वर्षों से खड़ा हुआ,
कोई फूल खिलाओ तो बात बनें।
इस तरह टूटके बिखर रही हूँ अब तक,
तुम सँभालों तो कोई बात बनें,
नशे का अंजुमन हूँ,
तुम सही राह दिखाओ तो कोई बात बनाओ,
मैं न कभी पढ़ी गई खुली किताब हूँ,
तुम पढ़ो तो कोई बात बनें।
प्यार ही है जीवन की सच्चाई,
तुम भी इसे मानो तो कोई बात बनें।
जीवन के इस प्यारे सफर में,
तुम अपना साथी बनाओ तो कोई बात बनें।।

❧❧❧

39. खुशियाँ

आज मेरी खुशियों को पर लग गए हैं,
आज मेरे जीवन के मायने मिल गए हैं।
कभी सोचा नहीं था कि ऐसा भी होगा,
आज तो जीने के सहारे मिल गए हैं।
आज डूबती ज़िंदगी को किनारे मिल गए हैं।
दर्द मिला रोते रहे हम वक्त बे वक्त,
पर आज तो दिल को तराने मिल गए हैं।
तरसते रहे जो पाने के लिए जन्मों जन्म तलक,
लगता है साहिल को किनारे मिल गए हैं।
हम कदम थे बहुत पर हमसफर न मिला कोई,
पर "उषा" को तो मानों सितारे मिल गए हैं।।

40. तन्हाई

तन्हाई मुझे सताए तो मैं क्या करूँ,
तेरा प्यार मुझे सताए तो मैं क्या करूँ।।
किताबें खोलू तो तू नजर आता है,
अकेली बैठूँ तो तेरा ख्याल आता है।
रात की चाँदनी मुझे जलाये तो मैं क्या करूँ।।
रात में तारे मुझे करते सवाल हैं,
प्यार करके गोरी क्यों तू बदनाम है।
बदनामी भी लगे प्यारी तो मैं क्या करूँ।।
तेरा नाम लेके सखियाँ मुझे सताती है।
तू नहीं पर मेरे साथ तेरी परछाई है,
दूर रहकर यादों में रहे साथ तो मैं क्या करूँ।।

41. मिलन

आपका मिलना तो सिर्फ बहाना बना था,
शायद हमारी ज़िंदगी में खुशी का दौर आना था।
एक दौर आता हैं, चला जाता है जिंदगी में,
खुशियों के बाद ग़मों का आने का बहाना है।
ज़िंदगी बेमकसद, बेतरंग थी अब तलक ,
चली जो एक हवा शायद बारिश का बहाना था।
किसी गैर से क्या करें शिकवा, शिकायतें ?
अपनों के गम चुप रहने का बना बहाना था।।

42. समय

समय के साथ चल,
भाग रे मानव भाग।
तू समय के साथ चल।
समय आगे निकल जायेगा।
तू पीछे रह जायेगा जोड़े हाथ।
भाग से मानव भाग।।
समय के संग चलना जरूरी।
जिसने समय की कद्र की।
वही जिन्दगी में हुआ पास।
भाग रे मानव भाग।।
समय के साथ चलता जा।
अपने कर्म करता जा।
जीवन में परिवर्तन भी जरूरी।
ये रख तू याद।
भाग रे मानव भाग।।
समय गर आगे निकल गया।
तो तू पीछे रह जायेगा।
कोई भी फिर तेरा।
साथ नहीं निभायेगा।
बहुत ही पछतायेगा।
देखता रह जायेगा आज।
भाग रे मानव भाग।।
समय के साथ चलकर।

जब तू सफलता की सीढ़ी चढ़ेगा।
तालियां बजाकर दुनिया।
वाह वाह करेगी।
तेरे माँ बाप का मान बढेगा।
और तुझसे प्रेरणा लेगी।
सबकी खुशियों का बन तू पात्र।
भाग रे मानव भाग।।

43. साक्षरता

हर अक्षर का ज्ञान।
मनुष्य को बनाए महान।
साक्षर होना जरूरी।
तभी जिन्दगी होगी पूरी।।
बिना अक्षर ज्ञान के।
हैं हम पशु समान।
अक्षरों का ज्ञान होने पर ही।
मनुष्य बने ज्ञान वान।
लिखना, पढ़ना आना।
जीवन में जरूरी।
तभी हर चीज की।
समझ होगी पूरी।।

44. वाणी

अमृत पीकर वाणी बोल रे मानव मीठी मीठी,
दुनिया देख यूं न कह दे क्यों है तीखी तीखी।।
गरीब और लाचारो से,क्यों तू जी चुराता,
खाली बाजारों में घूमे,गलियारों में बतियाता।।
कुछ न इनको दे सके तो,प्यार सहानुभूति ही बाँटो,
अगर तुम इंसान हो तो,मानवता धर्म निभाओ।।
सब का प्यारा बनना है तो,देश हित में कुछ कर जाओ।।
अमृत पीकर वाणी बोल रे मानव मीठी मीठी।
दुनिया देख यूं न कह दे क्यों है तीखी तीखी।।
गरीब और लाचारो से,क्यों तू जी चुराता,
खाली बाजारों में घूमे,गलियारों में बतियाता।।
कुछ न इनको दे सके तो,प्यार सहानुभूति ही बाँटो।।
अगर तुम इंसान हो तो,मानवता धर्म निभाओ,
सब का प्यारा बनना है तो,देश हित में कुछ कर जाओ।।

45. साथ तेरा

प्रिय जो तुम मेरा साथ दो तो,
मैं हर मुश्किल से लड़ जाऊँगी।
रात का अंधेरा भी होगा उजाला,
साथ तेरा मैं पाकर उसमे भी चल जाऊँगी।
अब तक रहा मेरा जीवन यूँही भटकाना,
तेरे साथ से मुश्किल हुई आंसा।
अगर तुम मेरी प्रीत बनकर,
महकाओ मेरा जीवन।
मैं हर पल तेरे ही गीत गाऊँगी।।
मन के साथ मन को मिलाकर,
मुझे अपने जीवन की मंजिल बनाकर,
रास्ता दिखाओ तो मैं हर पल तेरे ही साथ जाऊँगी।
जीवन के एस तन्हा सफर में,
थोड़ी हिम्मत जुटाओ तो सही,
बाकी सब मैं कर जाऊँगी।।
तेरी बाहों का सहारा जो मिल जाए,
भवसागर से पार मैं हो जाऊँगी।
मेरी सुनी माँग जो तू एक मोती से सजा दे,
तेरी हर माँग पूरी कर जाऊँगी।।

46. अंधेरे में एक रोशनी तिनके का सहारा

घनघोर अंधेरी रात।
जब न हो कोई पास।
जंगल भी हो सूना।
अचानक घिर जायें हम।।
कहीं से जंगली जानवरों की आवाज।
कहीं कीट साँप-बिच्छू का डर।
कुछ न हमारे हो पास।
दिल में डर दिमाग उदास।।
कहीं से कोई गाँव वाला आ जाए।
लालटेन की रोशनी लेकर पास।
तो समझो डुबते को तिनके का सहारा मिल गया।
उस लालटेन से जंगल में प्रकाश हो गया।।
तब जान में जान आई।
उस किसान ने कहा हमारे घर चलो भाई।
तुम रास्ता भटक गये थे अब न घबराना।
सुबह होते ही अपने घर चले जाना।।

47. गहरे चिंतन में डूबी दोनों सखी

घर के प्रांगण में बैठी दोनों सखी।
गहरे चिंतन में डूबी हुई।
बचपन से दोनों साथ खेली।
साथ ही पली बढ़ी।
अब बढ़ी हो गई फिक्र है भारी।
माता-पिता दोनों के विवाह की।
करने लगे हैं तैयारी।
बहना अब हम नहीं इस तरह मिल पायेगे।
खेलते थे जो खेल वो नहीं खेल पायेगे।
स्वतंत्र था जो जीवन अपना।
अब बंधन में बंध कर रह जायेगा।
टूट जायेगा सारा सपना।
जाने कैसी ससुराल मिले कैसे होंगे पति हमारे।
जाने कैसी हो ननद जेठानी।
ये सोच सोच के दिल हारे।
चलो फिक्र छोड़ो अब बहना।
ईश्वर का लिखा कौन टालेगा।
अब जो भी हो रहने देना।।

48. तेरे सिवा कोई याद नहीं

मुझे याद रहा तू हर क्षण और याद नही कोई,
तेरी याद मैं जाने जिगर में मैं कितना हूँ रोई।
तेरी मासूम नजर कर गई कुछ ऐसा असर,
तेरी तस्वीर बसी है दिल में लिए ऐ जाने जिगर।
तेरी तस्वीर को निगाहों में लिए रात भर न सोई।।
तेरी बातें करता है मेरा शामों शहर,
तेरी यादों ने किया जहाँ से बेखबर।
तेरे लिए तड़पी हूँ मैं जितना तड़पा न होगा कोई।।
तुझे पाया तो जैसे खिले सैकड़ो कमल,
तेरे बिछुड़ने से नयन हुए सजल।
वादा है कि अब अपना न होगा कोई।।

49. कसम हँसने की

जब भी हमने हँसने की कसम खाई है,
अपने हिस्से में उदासी ही आई है।
शहर के हर हिस्से में बरसी बरसा,
मेरे आँगन में पतझड़ की ऋतु छाई है।
हर घर में जले है अरमानों के दिए,
यहाँ दामिन दमकी और अधियारी छाई है।
इधर है समाज उधर है प्यार की मंजिल,
क्या करें इधर डर उधर प्यार की रुसवाई।
हर किसी की हमदर्दी को समझो न प्यार,
कहती है "उषा" हर किस्मत में रुसवाई।।

50. शब्द

आँसू पल- पल शब्दों में बिखरता रहा,
कभी छिपा यह दर्द किश्तों में मरता रहा।
उसके लौटने की उम्मीद नहीं हैं साहिल,
फिर भी हर मोड़ पर क्यों कदम रुकता रहा।
अपनी चाहत ने तो वजूद ही बदला है,
दिल है कि उसे हर पल याद करता रहा।
टुकड़े- टुकड़े होकर बिखरते रहे हम,
और वो हमारी बेबसी पर हँसता रहा।
हम ये दिल फिर उसके खोने से डरता रहा।।

51. आहट

दिल में दर्द अब फिर बढ़ने लगा,
फिर आँखो से अश्रु बन छलकने लगा।
रातों को ख्वाब दिल में सजाया था हमने,
न जाने क्यों ख्वावों का ढेर ढहने लगा।
पल -पल टूटती साँसे बिखरती रहीं,
आँख से बहते आँसू तकिया भिगोने लगा।
न जाने कब छाया जलजला सा आँखो में,
न जाने कब आग बन आँखों मे जलने लगा।
आहट तो हुई मगर बढ़ न सके कदम,
"उषा" क्यों ये दिल आदतें बदलने लगा।।

52. शहीद के घर की हालत

माॅं --
अधर हुए बैन से
नीर बहे नैन से,
और हम असहाय से,
हाथ यूँ मले मले,
मिल भी न पाए गले
अन्त सफर बेटे का,
चुपचाप देखते रहे।
जीवन चली गई,
मौत देखते रहे।
बीबी के मन के भाव।।
पत्नी --
मेहदी का रंग अभी,
हथेली मे गहरा था।
प्यार अभी लज्जा की,
कोख से न निकला था।
अनकही कितनी बाते,
मन में ही रह गयी।
छीनकर मुझसे प्रीत,
जबरन ही ले गई।
और मैं बुझी बुझी,
कोख में पल रही,

चिन्ह उनके प्यार का,
यों ही सभाँलती रही।
और तुम लुटे लुटे,
वक्त से पिटे पिटे,
गिरते हुए ईट का,
दीवार देखते रहे।
घर सारा लुट गया,
सूना दरबार देखते रहे।
बहन--
टूटे चिन्ह राखी के,
नेह के अरमान के,
भैया मेरे भाल पर,
तेरे लव वो प्यार के
चिन्ह वह भले भले
लग रहे धुले धुले,
चितवन वह प्यार के,
सावन मे बहार के,
आसार देखते रहे।
मिटा हुआ रिश्तों का,
तार देखते रहे।
जीवन के हार का,
गुलजार देखते रहे।।

53. मिलन श्याम से

साधना मन यही श्याम मिलना मुझे,
फूल बन पाँव में कृष्ण रहना मुझे।
रोज़ देखा करूँ मैं तुम्हे ख़्वाब में,
रूबरू भी कभी श्याम तोय तकनो मुझे।।
बाँसुरी बज उठी मैं मगन हो गई,
पाँव घुंघरु पहन झूम नचना मुझे।।
मोहनी सुरतिया तो लुभाती बहुत,
खो रहे होश अब थाम रखना मुझे।।
रूप तेरा हृदय में बसा ही लिया,
"उषा" श्याम का नाम जपना मुझे।।

54. शिक्षा और शिक्षक

शिक्षक हमारा भगवान।
जिसने दिया हमें अदभुत ज्ञान।।
शिक्षक ईश्वर का वरदान।
जिसने कराया जगत का भान।।
शिक्षक ज्ञान का समंदर।
जिसने ज्ञान की जोत जलाई हमारे अंदर।।
गुरु के आते ही आई ज्ञान की आंधी।
अज्ञान रुपी अंधियारा मिट गया।।
कूड़ा कर्कट सब छट गया।
हृदय में जब जली ज्ञान की जोत की बाती।।
स्कूल में शिक्षक जब पढ़ाते।
सभी बच्चों को एक नजरिए से भाते।।
कोई बच्चा पढ़ बन जाता महान।
कोई बच्चा कम ज्ञान ले पाता नादान।।
वहीं गुरु जिसने ईश्वर के मार्ग पर चलना सिखाया।
काटों भरे रास्ते पर कैसे बचना ये बताया।।
उन गुरु के चरणों में करते वंदन हम आज।
निस दिन उनका गुणगान करे नमन करते हम आज।।

55. टकराव

हर मौज से मंज़िल कहीं टकरा गई,
इन ठोकरों की ज़िंदगी भी शरमा गई।
गीत के हर चरण पर यूँ हम बढ़ते चले,
प्रीत के बंधन जहाँ कहीं कसते चले,
प्यार की यह जीत भी यूँ भरमा गई।
राग की हर धुन कहीं बजती चली,
दर्द की हर लहर भी यूँ ढलती चली,
हर साँस की ये प्यास भी तड़पा गई।
घाव के हर रोग का मौसम घना,
बँध ढली 'उषा' यों सुरों का छाया समाँ,
हर तान की वो रागिनी यों लहरा गई।
उमड़ती हर मौज ढूँढती साहिल का पता,
झगड़ती मौजें पुकारती रहीं यों सदा,
कश्मकश की ज़िंदगी क्या हासिल करेगी।
रुदन का उपहार देकर दिल को बहला गई।।

56. देश की माटी

हमारे देश की माटी इतनी महान,
जिसमे जन्मे वीर जवान,
नर और नारायण ने इसमें अवतार लिया।
राम और कृष्ण के रूप में भक्तो को सुखी किया।।
भारत की भूमि पर कितने तीर्थ स्थल है,
काशी की पवित्र भूमि पर शिव स्थापित है।
सुन्दर है भारत की भूमि जिस पर हमने जन्म लिया,
धन्य भाग हमारे इस माटी को शिरोधार्य किया।
इसी माटी में किसान अनाज उगाता,
जिसको खाकर ही हर भारतीय खुद को श्रेष्ठ बनाता।
आओ इस माटी को मिल नमन करें,
नित लगाएँ तिलक इसका गौरव गान करें।
जय हिन्द, जय भारत की माटी।।

57. कोशिश

लड़की करती हर पल कोशिशें, मिले न उसको मान।
पाल -पोस कर फिर करे, सब कोई उसका दान ।।
चीज पराई सब कहे, अब जाएगी घर छोड़ ।
दिया जन्म जिसने उसे, मुख लेता है मोड़।।
जीवन का है सत्य यह,बस बेटे की चाह।
बेटी जन्म सुना जहाँ, मुख से निकले आह।।
बेटी घर की शान है, मत देना तुम दान।
सेवा माता की करें, रखे सभी का ध्यान।।

58. प्यास सागर की

उनकी सागर से भी प्यास बुझ न सकी,
मुझको आँसू मिले आचमन के लिए ।
तेरे बिन हम जिए श्वास बिन देह से,
उम्र ये काट दी इक वचन के लिए ।
सबकी किस्मत में होते नहीं फूल पर,
हमने काटों पे जीवन गुजारा किया ।
सबने पूछा था मेरे गुनहगार को,
नाम लेकिन कभी न तुम्हारा लिया ।
मुझको सब कुछ मिला आज अनुदान में,
और क्या चाहिए इस जीवन के लिए ।
उनकी सागर से भी प्यास बुझ न सकी।
मुझको आँसू मिले आचमन के लिए॥
तुमको हो या न हो, मुझको विश्वास था,
मेरी किस्मत में लिखा ये वनवास था ।
तेरी कीमत का मुझको पता तब चला,
कितना था वो मेरा जब मेरे पास था ।
उर्मि की ही तरह वर्ष चौदह जली,
एक पल को लखन से मिलन के लिए॥
उनकी सागर से भी प्यास बुझ न सकी।
मुझको आँसू मिले आचमन के लिए॥
मेरी चाहत की तुम बेड़ियाँ तोड़कर ,
मेरे पहलू से उठकर चले ही गए ,
एक पल को मुझे तुमने समझा नहीं,

मेरे मन को हमेशा ही छले ही गए,
मुझको आशा ही नहीं विश्वास था,
ले के जाओगे अंतिम गमन के लिए।।
उनकी सागर से भी प्यास बुझ न सकी।
मुझको आँसू मिले आचमन के लिए।।

59. अभिनंदन है

हे आर्य भूमि के वीर सपूतों
सकल जनों में अभिनन्दन है।
मेरा तुमको शत वन्दन है
मेरा तुमको शत वन्दन है।।
लेखनी चले कहाँ लिख पाऊँ,
स्वांस ऋणी ऋण चुका न पाऊँ।
नैन जलधि सम भर जाते हैं,
जब मैं विरुदावली सुनाऊँ।
बंशीधर घनश्याम तुम्ही हो,
विष्णु शंकर राम तुम्ही हो।
मैं तो उनको देख न पाऊँ,
तुम रक्षक भगवान तुम्हीं हो।
विषधर जाल पाश में जकड़े
तुम्हीं सुगन्धित चंदन हो ।
मेरा तुमको शत वन्दन है
मेरा तुमको शत वन्दन है।।
जब सैनिक भर तेज हृदय में,
सीमा पर चढ़ जाता है।
क्या तुम पक्का मान गए हो,
देख सूर्य भी शरमाता है।
कितने टीके काजल रूठे
मेहँदी महावर के रंग छूटे।
कितने हाथों की राखी टूटीं,

माँ.बापू की आँखें फूटीं।
तुमको रवि यह पता नही है
खुशियों के पीछे क्रंदन है।
मेरा तुमको शत वंदन है,
मेरा तुमको शत वंदन है।।

60. नई दुल्हन

जो आई अभी सजी सवरी,
अरमानों की डोली में,
चेहरे पर था लाज का पहरा।
मुख मानों बदली से झांक रहा।
अधखुले होठों पे थी मुस्कान खिली,
आंखे थी सपनों से भरी,
पावों में धीमें नूपुर बज रहे।
और खिली थी आलता की रेखाएँ।
कमर में बजती करधनी कहती,
धीरे-धीरे मानों लक्ष्मी पृथ्वी पर उतर रहीं।
कर रही थी नये संसार में,
सपनों के सच होने का इंतजार,
कि अचानक,
प्यार के बोलो की जगह,
पडे कानों में कड़वे बोल,
सुना,
नहीं लाई रुपयों का ढेर,
हो पाते स्वप्न साकार।
कि हो गया एक नया विध्वंस,
एक चिंगारी से बन गयी ढेर।
जो आई थी डोली में,
सज गयी पलभर में ही अर्थी में,
नहीं है अश्रु किसी के नेत्रों में,

है सभी इस तरह मौन।
मानो किया है कोई बड़ा काम।।
यदि,
इसी तरह समाज रहेगा शान्त,
तो आज नहीं कल बेटियाँ,
डोली नहीं अर्थी में सजती जाएगी।।

61. मैं अहिल्या हूँ।

मैं अहिल्या हूँ पर राम तुम हो प्रिये ,
सिर्फ छूने से उद्धार हो जाएगा।
मैं हूँ मीरा मगर श्याम तुम हो प्रिये,
जहर पीकर भी उद्धार हो जाएगा।।
तुमसे मिलने को बस एक पल के लिए,
कई जन्मों तलक प्यास पलती रही,
देह के दीप में श्वाँस बाती लिए,
जन्म- जन्मों तलक यूहीं जलती रही ।
दीप बुझने से पहले चले आओ तुम,
वरना बदनाम ये प्यार हो जाएगा।।
मैं अहिल्या हूँ पर राम तुम हो प्रिये ,
सिर्फ छूने से उद्धार हो जाएगा।
प्यार करना गर कोई अपराध है,
मुझको अपराधी घोषित करे ये जहाँ ,
प्यार करना है यदि साधना ईश की,
प्यार को मेरे पोषित करे ये जहाँ ।
पूर्ण अपने को मानूगीं मैं तब प्रिये,
आप पर जब अधिकार हो जाएगा।।
मैं अहिल्या हूँ पर राम तुम हो प्रिये, ,
सिर्फ छूने से उद्धार हो जाएगा।
प्रेम दो आत्माओ का है बस मिलन ,
देह तो मुझको बस आवरण सी लगी ।
देह के हैं जो लोभी हैं दानव सभी,

मुझको तो देह सीता हरण सी लगी ।
स्वप्न को सत्य मानूँगी तब ही सखे ,
स्वप्न मेरा जो साकार हो जाएगा ।।
मैं अहिल्या हूँ पर राम तुम हो प्रिये ,
सिर्फ छूने से उद्धार हो जाएगा।

62. खामोशी

तुम्हारी खामोशी इस कदर रुलायेगी पता न था,
तुम्हारी नफरत हमें इस कदर सताएगी पता न था। .
आपकी इस अदा ने हमें दूर जाने को मजबूर किया,
अपने गुलशन में बिखर जाने को मजबूर किया।
अपना आशियाना खुद जलाने को मजबूर किया,
तुम्हे भी हमसे यूँ मुहब्बत हो जायेगी पता न था।
यह सच है या निगाहों का धोखा हम समझ न पाये,
न इसके बारे मे सोचा सच क्या है पता न था।
गलत फहमी में अपने आशियाँ में आग लगा बैठे,
तुम भी हमें एक दिन समझोगे पता न था।
हम भी आपके दिल के करीब रहते हैं,
आप हमें यूँ पराया समझोगे पता न था।
हमने देवता माना तुम हमें पुजारी न मान सके,
हम तो हर पल साथ रहे पर आप कभी मानोगे पता न था।
हमने तो आपको देखा आप ही नजर न उठा सके,
हमारी बेताबी होगी बेकरार यह पता न था।।

63. सवाल नारी का

कभी पूछा था श्रद्धा ने मनु से,
आज पूछती हैं हर श्रद्धा हर मनु से यूँ ।
क्यों करते हो विध्वंस नारी अरमानो का,
कभी दहेज कमी माता-पिता की आज्ञा खातिर मेरे स्वप्न
सजीलो का,
जो मेरी रक्षा नही कर सकते।
नही अधिकार तुम्हे मुझे ब्याहने का,
आ गया है बक्त तुम्हे चूड़ी पहनाने का
नही देता शोभा कहलाना नारी रक्षक।
बन रहे मात्र स्वार्थ वश नारी के भक्षक तुम,
सोचती हर माँ तुम्हे आज क्यूं देती जन्म।
यो स्वयं के हाथों एक पशु राक्षस तैयार करती।
काश! तुम किसी नारी पर हाथ उठाने से पहले,
अपनी माँ भी ओर देखोगे तब शायद,
अपनी माँ और पत्नी नही भेद नहीं पाओगें।
तब क्या स्वयं अपने ही हाथों अपनी जननी,
का गला दबाओगे।

64. नफरत के शोले

मत फेकों नफरत के शोले,
यह दिल जल जायेगा हौले- हौले।
हमारे सीने में भी दिल है कोई पत्थर नही,
टुकडे टुकडे हो जायेगा हौले- हौले।
इस तरह नजर न बचाओ हमसे,
वरना मर जायेंगे हौले- हौले।
आ जाओ एक पल को जीवन में,
वरना मर जायेगे हम भी हौले- हौले।
कुसूर क्या जो हमने तुमसे प्यार किया,
अब बता भी दो हमे हौले- हौले।
इस जीवन मे आई थोडी सी बहार,
शमा जली थी हर दम सिर्फ आपके लिए,
अब शामे गम मजहूफ न करो हौले- हौले।।

65. अहसास

हर शाम जब कुछ खोने का अहसास कराती है,
आँखो में आँसुओं की बरसात घिर आती है।
आखों में सपना अब कोई नहीं है,
इस जहाँ में कोई अपना नहीं है,
रो पड़ते है अकेले में जब गम की आँधी आती हैं।
ढूढ़ा बहुत मगर सच्चा साथी न मिला,
दोस्त के रूप में सब बेवफा मिले,
देख खुदा तेरा करिश्मा हमें हँसी आती है।
तेरे हर सितम हमने हँसकर सहे हैं,
आँखो के आँसू तेरी याद में बहे हैं,
हर शाम इक नई तन्हाई जगाती है।

66. एक सवाल

दिल रो रो कहता सभी से,
कोई अब अपना दोस्त नही है कोई।
झूठी है रस्में ये वादे वफा झूठी है,
इन्ही को अपना सच्चा नही हे कोई।
ऐ दोस्त क्यों मिला तू मुझे,
दिखा सपने क्यों किये वादे वफा के,
हँस भी न पाये जी भर के रुला गया कोई।।
हर बात यहाँ होती है सपना,
सपने में सच्चा होती ही कहाँ है,
न रोने की कसम देके चुप करा गया कोई।।
भूल गया क्यू तू अपने वादों को,
छोड़ गया क्यूं तू बेमाने इरादों को,
कैसे भूले तेरी वफाओं को फिर याद आया कोई।।

67. बुढ़ापा

बुढ़ापे की लाचारी,
सडक पर चल रहे दोनों।
एक वृद्ध और वृद्धा,
एक हाथ में थैला,
एक हाथ में दोनों के डंडा।
डंडा टेक टेक चल रहे,
दोनों धीरे-धीरे कदम रख रहे।
कैसे लाचार है दोनों,
स्वयं का काम खुद कर रहे।।
जर जर शरीर हो गया,
न शरीर में शक्ति हैं,
काम फिर भी करना है,
न नैनो में ज्योति हैं।।
जिनके लिए जिए जीवन भर,
उन्ही ने फेर ली हम से नजर,
जब तक सांस हैं बाकी,
तब तक है जीवन तो जीना है।।
अपनों से गर करे गिले सिकवे,
तो क्या वो सहारा दे देगे,
गैर के दिल में हो अगर हमदर्दी,
तो वो ही अपने बन जायेगें।।
इतना बड़ा दिल कहाँ हैं,
आज की दुनिया में,

वो इंसानियत भरा एहसास कहाँ से लायेंगे।।

68. वह एक बूँद

सागर के झोंकों से झगड़ कर,
अनजाने ही अपनों से बिछड़ कर।
हिल डुल कर रोती रही जो,
उस बूँद का अस्तित्व क्या है !
सिंधु से जो मिल न पाई,
मरु की प्यास बुझा न पाई,
आँसू के आँचल को थामे,
बन घन आज बरसने आई।।
उस रुदन का अरमान क्या है!
गिर रही वो आज पल-पल,
बढ़ रही वो आज क्षण -क्षण,
प्यार का आँचल भिगो कर,
आज सुबकता दर्द है लाई।
उन सिसकियों का एहसान क्या है।
बन गयी बस इक कहानी,
फूल सी जलती जवानी,
रह गई बन एक तड़पन,
'उषा' वो खोई याद आई।
उस भूली कथा का अमरत्व क्या है।।

69. नाम श्याम का

श्याम तुम्हारा नाम लिखा है,
मेरे अंतस के कागज पर,
मंजुल मूरत तेरी रहती।
मेरे मन के सिंहासन पर।
नैन जुड़ाये मैं बैठी हूँ,
एक झलक पाने को तेरी।
कान सदा रहते हैं व्याकुल,
बंसी की धुन सुनने तेरी।
किस दिन भाग खुलेंगे मेरे,
मिलेंगे दर्शन मुझको गिरधर,
बरसेंगी कब बूँद कृपा की,
मन बड़ा आकुल होवे गिरधर।
श्याम तुम्हारा नाम लिखा है,
मेरे अंतस के कागज पर।।
निस दिन ही मनुहार करूँ मैं,
छप्पन भोग बनाया मैंने।
माखन मिश्री दूध, दही,मलाई,
भरकर थाल सजाया मैंने।
पलक पाँवड़े बिछा के बैठी,
कान्हाजी भोग लगा जाओ तुम।।
कितनी चिरौरी रोज करूँ मैं,
कान्हा मत तरसाओ इतना ।
श्याम तुम्हारा नाम लिखा है

मेरे अंतस के कागज पर।।
राधा को भी लेकर आना,
साथ गोपियों को भी लाना।
फिर से बाजे सब की पायल,
मुरली की सुना तान तुम जाना।
रुप सलोना बड़ा मनोहर,
केश लुभाते हैं घुँघराले।
बाकी बाकी तेरी चितवन,
सम्मोहित कर जादू डाले।
श्याम तुम्हारा नाम लिखा है।।

70. वफा की राह में

मेरे अंतस के कागज पर।। .
वफा की राह में चलना होगा,
बिछड़के भी अब संभलना होगा।
बया करुं भला कैसे हाले दिल अपना ।
मेरी खामोशियों को तुम्हें समझना होगा ।।
न देखो ऐसे मोहब्बत से सनम मुझको ।
हुए जुदा तो दोनों को तड़पना होगा ।।
हर चेहरे पे यहाँ है एक नकाब लगा ।
नेह का नाता संभलकर जोड़ना होगा ।।
मौसमों की तरह बदलते है वो मिजाज सदा ।
हर कदम सोच समझ कर रखना होगा ।।
पत्थरों का शहर मैं हूँ काँच की गुड़िया ।
जहाँ की ठोकरों से बच-बचके चलना होगा ।।
बफा के बदले सदा मुझको जफाएं हैं मिली ।
यकीन अब न किसी पर भी करना होगा ।।
गैरों से डर नहीं लगता है कभी मुझे ।
अपनों से ही हमें बचके रहना होगा ।।
ख्याल बनके सताते हो जो तुम मुझे,
तेरे ख्यालों की दुनियां से निकलना होगा।।

❧❧❧

71. यादों से दूरी

वक्त बेशक लग जाएगा,तेरी यादों से दूरी बनाने में,
हर नाकाम कोशिश होगी,तुझे दुनिया से छिपाने में।
और रकीब कितना भी इश्क,कर ले बदलेगा जरूर,
तख्तोताज सिमट जाते है,लोगों किया वादा निभाने में।।

****

किस तरह तुम ये रिश्ता निभाते हो,
दर्द को अपने आँखो से छिपाते हो।
न हमसे बात करते हो न किसी और से,
ये राज सब अपने अंदर कैसे दफना हो।।

72. पता नहीं

मैं तुझे कितना चाहूँ ये तुझको पता नहीं,
तड़प मेरी भी देख सिर्फ अपनी बता नहीं।
तेरे दीदार भर से मिलता है सुकून दिल को,
तू मुझको न चाहे तो मेरी कोई खता नहीं।।
****
मेरी सारी बातों का बस यही सार है,
कल भी था आज भी तुमसे प्यार है।
तुम भी समझोगे कि किसी दिन बात मन की,
हमें कल भी था आज भी बस तेरा इंतजार है।।

73. शीशा

शीशा पत्थर से टकराना छोड़ दिया,
खुद को अब कमजोर बताना छोड़ दिया।
जब से मेरा हाथ गरीबी ने पकड़ा,
लोंगों ने घर आना जाना छोड़ दिया।
एक पत्थर दिल से जब से मेरी भेंट हुई,
जब से उसको दस्तानें पहने देखा,
मैंने उससे हाथ मिलाना छोड़ दिया।
औकात जमाने की क्या जो मुझको छोड़े,
मैंने खुद ही आज जमाना छोड़ दिया,
जब से शमा पर परवाने जलते देखे,
मैंने घर में दीप जलाना छोड़ दिया।।

74. गैर का आसरा

किसी गैर का आसरा बन गए हो,
शायद सनम तुम खुदा बन गए हो।
तरसती है दीदार को अब निगाहें,
उठती हैं हर दम मेरे दिल से आहें।
मेरी मुहब्बत की सदा बन गए हो,
शायद सनम तुम खुदा बन गए हो।
लबों पे खामोशी यूँ सजी है,
आँखों पे तुम्हारी सूरत बसी है।
मेरी दुआओं का फल बन गए हो,
शायद सनम तुम खुदा बन गए हो।
तेरे लिए मैंने ये जहाँ भी है छोड़ा,
फिर भी तुमने दिया मुझको अब धोखा।
कभी न हो पूरी वो दुआ बन गए हो,
शायद सनम तुम खुदा बन गए हो।।

75. मेरी बदनसीब ज़िंदगी

मेरी बदनसीब ज़िंदगी जब आफ़ताब हो गई,
एक पत्थर से टकरा कर चूर-चूर हो गई।
हर गम भुला कर जो मैं प्रेम गीत गाने लगी,
बेरहम दुनियाँ को मेरी गुनगुनाहट भी खलने लगी।
उदासी को मिटाने को जब मैं तारे यूँ गिनने लगी,
बेरहम चाँद को भी मेरी नजर यूँ ही खलने लगी।
सबसे छुपा के जो तेरी सूरत नैनों में बसाई,
वो तो नैनों से होकर दिल में अब उतरने लगी।
छुपा के गम दुनियाँ से जो तुझे याद करने लगी,
तेरी यादें प्यार के गीत गुनगुनाने लगी।
बेबस होकर जो तेरे मिलन के गीत गाने लगी,
फसाना बन न जाऊँ मैं यही सोच जिव्हा अटकने लगी।।

76. चाहत

जिधर भी चाहता है, बात अपनी मोड़ देता है,
बनाता है नए रिश्ते पुराने तोड रिश्ते तोड़ देता है।
ये इंसान है हर बात पर अड़ जाता है वरना,
साँप भी वक्त आने पर काँचुली छोड़ देता है।।

****

रिश्तों का ये बंधन ढीला मत करना,
रंग लहू का लाल है नीला मत करना।
जिस माँ ने तुम्हे सिखलाया मुस्काना,
उस माँ की आँख को गीला मत करना।।

****

मुझसे न उलझे-उलझे सवालों की बात कर,
भूखी हूँ मुझसे चंद निवालों की बात कर।
मंजिल पर पहुंचने का जशन मना बाद में,
पहले तू मेरे पाँव के छालों की बात कर।।

77. भँवर

सबसे नजर बचाके नज़र में रखा गया,
थी घर की बात इसलिए घर में रखा गया।
तुमने तमाम उम्र साहिल दें काट दी,
कश्ती समझ के हमकी भंवर में रखा गया।।

****

खुद की निगाह में कभी रुसवा नहीं किया,
हमने कभी दुनिया पे भरोसा नही किया।
यूँ मुफलिसी में काट दी हमने तमाम उम्र,
लेकिन किसी के सामने सजदा नहीं किया।।

****

पर्वत पेसी चढ़ना आ गया है,
नए प्रतिमान गढ़ना आ गया है।
जुल्म करना तुम्हे महंगा पड़ा,
हमें अब जंग लड़ना आ गया है।।

78. कसमें मुहब्बत

पाँव जीवन पर रखे, उड़कर नही देखा,
टूटी जो एक बार फिर जुड़कर नहीं देखा।
तुमने जो एक बार मुझसे अलविदा कहा,
मैंने भी उम्रभर कभी मुड़कर नहीं देखा।।

****

परिन्दों के लिए गगन काफी नहीं होता,
कभी गंगाजली का आचमन काफी नहीं होता।
जवानी चार दिन की है ये उसको बता देना,
मुहब्बत के लिए बदन काफी नही होता।।

79. गुलशन

कली को भी यहाँ गुलशन मे एक दिन खिलना होता है
अधर भंवरों की हर बात पर यूँ सिलना होता है ।
कभी सागर यूँ नदियों से मिलने नहीं आता,
सदा नदियों को सागर से जाकर मिलना होता है।।

****

हमेशा याद आती तुम्हारे प्यार की बातें,
कभी खुद रूठ जाना कभी मनुहार की बातें।
कई सदियाँ हुई आज तलक समझ नहीं आई,
कभी इन्कार की बातें कभी इकरार की बातें।।

80. प्यारी बेटी

मइया के ये दिल का गहना,
भैया की प्यारी सी बहना।
पापा का अरमान है बेटी,
घर-घर का सम्मान है बेटी।
जब छोटी थी तो सबने ही,
उसको अपने पीठ झुलाया।
तरह-तरह के मुँह बिचकाकर,
इस गुड़िया को खूब हसाँया।
तुतलाती मुस्काती हँसती,
ये नन्ही सी जान है बेटी।।
बेटी के कोमल मन में कब,
तुम ही कहो है किसने झाँका।
यहाँ उपेक्षा है बेटी की,
और बेटे से कम है आँका।
दृष्टि बदल कर देखोगे तो,
सृष्टि का वरदान है बेटी।
पापा का अरमान है बेटी।।
यम के हाथों जो सुहाग को,
छीन के लाई वो बेटी थी।
झांसी रानी बनकर जिसने,
आन बचाई वो बेटी थी।
समझोगे तो अमृत है वो,
वरना विष का पान है बेटी।

घर-घर का सम्मान है बेटी।।
देने वाले हाथ और गर्दन,
दोनों ही अब झुके हुए है।
क्या विधान है आज भिखारी,
गर्व से देखो तने हुए हैं।
अच्छा घर-वर गर मिल जाए,
तो मोहक मुस्कान है बेटी,
वरना तो श्मशान है बेटी।
घर- घर का सम्मान है बेटी।।

81. गीत

आज फिर होठों पर कोई गीत सज़ा रखा है,
आँख का हर कतरा बस उसकी याद में बहा है।
दिल की धड़कन जो थी अब तक शान्त,
आज जाने कैसे शांत सितार झंकृत हुआ है।
छाई थी उदासी हर ख्वाब था मिटा,
आज ख्वावों का समुंदर सा बहा है।
तपती रेत पर पैर भी थे जलते कभी,
अब हर उम्मीद को आसरा मिला है।
घड़कने थमी आँखे थी नम जुबाँ खामोश
बस प्रियतम की यादों का सहारा मिला है।।

82. मंदिर

मैने अपने घर को मंदिर बना रखा है।
तेरी यादों को बस सीने से लगा रखा है।
आखें बहती चित्र होते गये धुँधले,
न बहे अश्रु तेरी सूरत को बसा रखा है।
दिल के कोने में आ न जाए कोई,
इसी डर से तेरी यादों को बसा रखा है।
रात भर नींद को बुलाया प्यार से,
हमनें आँसुओं से तकिया भिगो रखा है।
किससे करें शिकायत सुनेगा कौन हमारी,
यही सोच हमने होठों को शांत कर रखा है।।

83. मीठी बातें

बात करे मीठी मीठी मुरली बजाबे मीठी,
देखन में लागे जो कटोरा होवे खीर को।
घना इतरावै हाथ हमरे न आवे,
कुलाचे भर भागे छोरा सावरें शरीर को,
छोड़ेंगे न हम आज नन्द केउ लाल सखी,
थाल लेके आओ सब अबीर और गुलाल को।
जरा जरा बातन पे छेड़े अक्सर हमें,
घनो छलिया ये दिखे छोरा अहीर को।।

84. शाख के पत्ते

कहीं बिखर न जाए शाख के पत्ते की तरह,
क्या पता कब मिल पायेंगे सागर से लहरों की तरह।
हम तो लगे रहे त्यारियों में जाने की,
और वो गुजर गये सामने से अनजानो की तरह।
हम तो हर पल उन्हें याद करते रहें,
और वो पी गये मेरी याद पैमानो की तरह।
हमने तो रात भर अश्रु बहाये हैं,
और वो चल दिये नहा के बैगानो की तरह।
भूलना चाहते हैं भूल नही पाते हम,
और वो चल दिए छोड़ वीरानों की तरह।।

85. ऐलान

आज सरे महफिल ए ऐलान करते है,
बस यही गुनाह हर बार करते हैं।
और हम हैं कि उनपे जाँ करते हैं,
वो नजर भर के भी देखा नही करते हैं।।

****

जब हम आपसे जुदा हो जायेंगे,
नफरतों के सिलसिले शुरू हो जायेंगे।
कैसे कह दें कि यह सच है सनम,
दूर होकर तुमसे मौत के पास हो जाऐंगें।।

86. तेरा साथ

जो तुम साथ हो तो,
मैं हर मुश्किल से जड़ जाऊँगी।
रात का अँधेरा भी होगा उजाला,
साथ पाकर मैं उसमें भी चल जाऊँगी।
अब तक जीवन रहा यूँ ही भटकना,
साथ तेरा पाते ही मेरी हर मुश्किल हुई आसाँ।
अगर तुम मेरी प्रीत बनकर,
महकाओ मेरा हर पल ये जीवन,
मैं हर पल तेरे प्यार के गीत गाऊँगी।
मन के साथ मन को मिलाकर,
मुझे अपने जीवन की मंजिल बनाकर,
जो कभी मुझे रास्ता दिखाओगे तुम,
मैं हर पल तुम्हारे ही साथ जाऊंगी।
जीवन के इस तन्हा सफर में,
आए हो जो हम सफर बनकर,
थोड़ी हिम्मत जुटाओ तो सही,
बाकी सब मैं कर जाऊंगी।
तेरी बाहों को जो सहारा मिल जाये,
भवसागर से मैं पार हो जाऊँगी।
मेरी सूनी माँग जो तू एक मोती से सजा दें,
तेरी हर माँग मैं पूरी कर जाऊँगी।।

87. अरमान

वो क्या करें जिन्हें कोई अरमान न मिला,
गम तो मिले बहुत,
मगर गम उठाने का समान न मिला।
हसँने की चाहत दिल में लिए बैठे रहे,
भरी महफिल में हसँने का बहाना न मिला।
अपने बिछड़े गैर मिले तो सही,
गैरों को अपनाने कोई बहाना न मिला।
तूफां है कश्तियां वही जा रही,
कश्ती रुकें ऐसा किनारा न मिला।
दुनियाँ की बेदर्द नजरें खाई जाती है आज,
संभाले कोई आँसू ऐसा हमदर्द न मिला।
भरी दुनियाँ में सब मतलब के होते है,
तलाशा तो बहुत मगर अपना न मिला।
कहाँ तलाशे वो दर जहाँ कोई अपना हो,
हैवान मिले बहुत मगर एक भी इंसान न मिला।।

88. इंसान

हम इंसा है ये समझाना पड़ता है,
खुद को ये विश्वास दिलाना पड़ता है।
कभी-कभी इन नन्हें-नन्हें हाथों को,
घर का सारा बोझ उठाना पड़ता है।।

****

बात अपने मन की बता दीजिए,
बस इशारों से सब कुछ जता दीजिए।
चोट खाए हुए फिर भी सह लेंगे हम,
क्या है मन की सब व्यथा दीजिए।।

89. फुटपाथ

जो फुटपाथ पे रहते है, घर की बात करते है,
जो घर में बंद रहते है सफर की बात करते हैं।
नजरिया तंग है जिनका नजर की बात करते है।
नजरिया साफ रखने से सफर आसान होता है।।

****

कभी इंकार करता है, कभी इकरार करता है,
मेरा दिल तो पागल है,तुम्ही से प्यार करता है।
कोई शाहजहाँ मिल जाए,तो मैं मुमताज़ बन जाऊँ,
मेरे दिल की हर धड़कन पै तेरा ही नाम लिखा है

90. समर्पण

जो कहते थे हमसे कि जान हो हमारी,
वही आज हमको बेजान कर चले हैं।
जो कहते थे हमसे भुला न सकेगें,
आज पलटकर देखना भूल चुके हैं।
कहाँ कमी रह गई समर्पण में,
आज वो नजर उठाना भूल चुके हैं।
जिसे देवता मान पूजा था हमने,
आज दिल में किसी को बसा चुके हैं।
जिसके प्यार ने कभी हँसना सिखाया,
वही आज चेहरे हमारी हँसी चुरा चुके हैं।
हमारे दिल में अब नहीं उठती उमंगे,
पर हम जीने का आभास भुला चुके हैं।
है खुदा से बस यही इतनी दुआये,
उनकी ज़िंदगी में कोई गम न आए।
हमारी ही कमी थी उन्हें समझ न पाए,
हमारी ज़िंदगी का वो मज़ाक बना चुके हैं।
बहारें आएँगी जरूर हमारे जीवन में,
जो गुलों पर कभी पतझड़ का
सावन भी देख चुके हैं।
जो कहते थे
साथ छोड़ेंगे न कभी भी ,
वो आज गली का
आना भी भूल चुके हैं।

जुड़ा था जो रिश्ता
सिंदूर से हमारा,
वही सिंदूर के कण अब
अंगार बन चुके हैं।

।

91. मझधार

जो मैं सौ बार लिखती हूँ, तो वो एक बार लिखता है,
जो मैं इकरार लिखती हूँ, तो वो इंकार लिखता हैं।
मुहब्बत की हमारी कश्ती, कैसे पार अब होगी,
अगर साहिल मैं लिखती हूँ, तो वो मझधार लिखता है।।

****

चाहत का अगर हमने इकरार किया होता,
ये फ़ैसला जीवन में इकबार किया होता।
जब तक ये दुनिया रहती चर्चा हमारा रहता,
सोहनी की तरह दरिया जो पार किया होता।।

92. छोटी गुड़िया

एक छोटी सी गुड़िया ने,
मुझे जीवन का रहस्य समझाया।
उदास परेशान जितना हूँ,
हर गम भुला के मुझे हँसाया।
मिट्टी उठा कभी खा जाती,
मुँह बिचकाकर मुझे हँसाती।
जब मैं उसको चिल्लाती,
हँस के कहती,
खा कर देखो बोत अच्छी है।
उसकी देखके ये हरकतें,
न चाहते हँसी आ जाती।
कभी उठाती कभी उठाती,
कभी दिखती,कभी छुप जाती।
ऊपर- नीचे ,नीचे -ऊपर,
दसियों है चक्कर लगवाती।
जितना चुप मैं रहना चाहूँ,
उतना ही मुझको बुलबाती।
कभी दिखती,कभी छुप जाती,
पीछे -पीछे चक्कर लगवाती।
गुस्सा होना चाहो भी तो,
मम्मी कह गोदी में छुप जाती।
उसकी हर हरकत पर मुझकों,
अपना बचपन याद आता है।

उसकी प्यारी बातों में हमको,
एक अनूठा सुख है मिलता।
इस नन्ही सी बच्ची ने ही मुझको,
नई -नई सीख सिखाई।
सच पूछो शांत रहना मैंने जैसे,
इससे ही सीखा।।

93. वादा

तेरे वादों के स्यंदन पर वो आँगन छोडकर आई।
जहाँ ममता का दरपन था वो दरपन था,
वो दरपन तोड़कर आई।
तुझे फानूस बन करके,
बचाया था जमाने से।
बनाके आँख की पुतली ,
तुझे पलकों पे धर लाई।
तुम्ही ने बंजरों में प्रेम की,
बगिया सजाई थी।
खुद बन आग का शोला,
क्यों ये बगिया जलाई थी।
बनाके बाँसुरी तूने मुझे होंठो से कब छुआ,
न तुम राधा ही बना पाए न मैं मीरा बन पाई।।

94. गुल्लक

जैसे बूँद- बूँद से सागर भरता,
छोटी छोटी खुशियों से घर भरता।।
ऐसे छोटे बच्चों की गुल्लक प्यारी,
एक- एक सिक्के से भर दी सारी।।
ये छोटी चीज़ भी अपना नाम करें
परेशानी आने पर बड़े-बड़े काम करें।।
ये बचत का धन होता है,
जो सभी संचित करते हैं।।
ये गुल्लक हमें ये सिखाती है,
हमें छोटी चीज़ का महत्व समझना चाहिए।।
ये हमारे जीवन में बहुत काम आने वाली चीजें हैं।।

95. बदलता रुख़

तेरी ज़िंदगी का सितारा क्यूँ बदल गया है!

तेरी आहों का भी किनारा यूँ बदल गया है !

यह उखड़ी सी बातें,यह खोई सी आँखें

तेरी चाह का शायद सहारा बदल गया है॥

तेरी चाह की राहों पर मैं फूल यों बिछा दूँ

तेरी राह के हर काँटे को दिल से यूँ लगा लूँ

तेरी आवाज़ की भनक आज़मा ले कि मैं जान की बाज़ी भी लगा दूँ,

इशारा तो कर कि तेरे दिल का उजाला किधर गया है॥

माना कि तुझे मेरी इस पीड़ा से घृणा है ,

शिकवा नहीं कोई ये तो क़िस्मत का सिला है,

सिसकते हैं मेरे गीत,कसकती हुई आवाज़ है ,

कैसे सुनाऊँ तुमको,साज़ का हर तार उखड़ गया है॥

सूनेपन के इस गलियारे में तेरी आवाज़ की भनक आती है ,

दर्द के साये में पली तेरे बदन की ख़ुशबू महक जाती है ,

जब तक मैं इनको पकड़ूँ हवाएँ इन्हें उड़ा भगाती हैं,

मौन सा "उषा" का जीवन ,तेरा साया क्यूँ बदल गया है॥

❧❦❧

96. फड पर सामान बेचती नारी

देखो बैठी कैसे नारी,
आर्थिक तंगी की लाचारी।।
फड़ लगाई है उसने देखो,
बेचने की सामग्री फैलाये रखी।
बच्चा भी बैठा साथ में,
ग्राहक का इंतजार कर रहे दोनों।।
बच्चों के लिए बडों के लिए,
सभी तरह का सामान है।।
सुंदर सुंदर थैले और बैग हैं,
जरूरत का हर सामान है।।
आओ आओ आ जाओ भाई,
जो पसंद हो वो सामान खरीद लो भाई।।
अपने परिवार और बच्चों को पालने के लिए,
नारी भी हर काम कर रही है।।
आत्मनिर्भर हो करके वो,
घर का सहारा अब बनी हैं।।

97. रूप का ऋंगार

किसलिए तुम रूप का श्रंगार चाहे,
प्यार भी तुम प्यार की पहचान भी तुम।
रूप से तो प्रेरणा मिलती हृदय को,
खोज लाते है नयन मन के विनय को।
उस हृदय से प्यार की झंकार चाहो,
तान जिसकी तुम स्वरों का मान भी तुम।
चल रहा है यान जीवन का बराबर,
शांत है नदिया कभी है क्षुब्ध सागर।
तुम किसी मझधार से उस पार चाहो,
सिंधु भी तुम सिंधु का तूफान भी तुम।
कुछ प्रगति की चाह में आगे बढ़े है,
कुछ समय की धूल में बेबस गढ़े है।
क्यों किसी पद चिन्ह का उपहार चाहों,
मार्ग भी तुम लक्ष्य का वरदान भी तुम।
मूर्ति को ये रूप तुमनें ही दिया है,
ठोकरों में ये रूप तुमने ही दिया है।
और तुम ही अर्चना अधिकार चाहो,
तुम अहिल्या भक्ति भी और राम भी तुम।।

98. पाप का रावण

जहाँ पाप का रावण मरा कंस मारा है,
मीरा कबीरा सूर का ताप त्याग भरा है।
सागर चरण पखारे पग शीश हिमालय,
भारत वो राम श्याम वीरों की धरा है।।

****

आखिर तेरा मेरा मिलना सबके लिए विवाद बन गया,
दुर्दिन की सौ- सौ बलिहारी आवेदन प्रमाद बन गया।
मेरे पावन अपराधों ने कभी क्षमा की भीख न मांगी,
जो भी दिया दंड सभी ने मेरे लिए प्रसाद बन गया।।

99. बेटी है जंजाल नहीं

सबकी प्यारी होती है बेटी,
घर की राजदुलारी होती है बेटी,
घर परिवार इन्ही से चलता।
ये संसार इन्ही से चलता।।
माता पिता को जब भी कष्ट पडे,
बेटियां ही हमेशा साथ देती है,
सारे घर का काम संवारती।
फिर पढ़ने के लिए समय निकालती।।
अपने हौसले और आत्मविश्वास से,
वो आगे बढ़ती जाती है,
समय के साथ-साथ चलकर।
हर क्षेत्र में खुद को निखारती।।
परिस्थितियों से कभी नहीं घबराती,
डट के उनका सामना करती,
हर रिश्ते हर संबंध को।
प्यार से सजाती व संवारती।।
कौन कहता बेटी जंजाल है?
बेटियां दो घर का मान है,
घर की जिम्मेदारी के साथ साथ।
बाहर के कार्य को अंजाम देती।।
तभी तो वो लक्ष्मी बाई, इंदिरा,
मदर टेरेसा,लता मंगेशकर,पी टी ऊषा,
द्रोपदी मुर्मू नाम कहलाई।

बेटी लक्ष्मी, सरस्वती,दुर्गा जैसी।
होकर दो कुलो का नाम रोशन करती।।

100. संघर्ष का दौर

घर की जिम्मेदारी के चलते,
मनुष्य जीवन भर दौड़ धूप करता,
पैसा कमाने की खातिर।
कहाँ कहाँ नहीं वो भटकता फिरता।।
अपना देश छोड़ विदेश में जाता,
जब कारोबार से जुड़ता उसका नाता,
परिवार बच्चों की खुशी के लिए।
दिन भर वो भागा फिरता।।
न समय पर खाना न नहाना धोना,
न समय से पूरी नींद लेना,
इसी संघर्ष भरी जिंदगी में।
ओर भी वो उलझता जाता।।
समय से पहले शरीर थकने लगता,
बाल सफेद हो आंखों में चश्मा लगता,
शरीर शिथिल हो हर दम थकने लगता।
घुटनों के दर्द व कमर दर्द से परेशान रहता।।
बच्चों की शिक्षा फिर उनकी ब्याह शादी,
पैसे जोडने में लगा रहता,
दो पल की शकून की सांस।
वो कभी नहीं ले पाता।।

www.ingramcontent.com/pod-product-compliance
Lightning Source LLC
Chambersburg PA
CBHW031958140726
47988CB00019B/2580